JN439273

북한산北漢山

북한산北漢山

이환용 詩集

문예연구사

■ 머리말

소서小序

김종길

이 시집의 저자인 이환용 시인은 체격이 헌칠하고 첫눈에도 기골이 있어 보인다. 그러나 그의 마음씨는 곱고 다정다감하여 그로 하여금 평생 교편을 잡으면서 시를 쓰게 만들었다. 그가 2년이나 지나서 늦게나마 산수를 기념해 내는 이 시집에 수록되는 그의 근년의 작품들은 비록 20 편에 불과하지만 일견 모순되게 보일 수도 있을 그의 바깥 모습과 속마음을 아울러 잘 보여주고 있다.

수록작품 가운데서 산이나 산행에 관한 것들이 일곱 편이나 되니 총 편수의 3분의 1을 상회하는 셈이다. 이 사실은 그가 산을 좋아하고 늘 맘에도 자주 산행을 하고 있음을 짐작케 하는데 이 점은 그의 강단 내지 기골과 관련이 있을 것이다. 다시 말하면 그는 나이를 핑계삼아 골방에 틀어 박혀 시나 쓰는 그러한 시인은 아닌 것이다.

그 다음으로 수록작품 중에서 눈길을 끄는 것이 시인의 어머님에 관한 작품들이다. 비록 편수는 두

편 밖에 되지 않지만 시인의 어머니에 대한 그리움은 유난히 농도가 짙다. 그 두 편이 『천상에 부치는 메일』과 『어머니의 肖像』인데 그 밖에도 『석장승』은 석장승과 어머니의 이미지가 투영된 듯한 작품이다.

앞에서 언급한 작품들을 뺀 나머지 몇 편 가운데서 네 편, 즉 절반 가까이간 시인의 고향인 호남지방의 풍물을 노래한 것들이고 그 밖에 자유니 침묵이니 우주니 하는 관념론 내지 우주론적인 작품들 세 편이 있다. 이로써 이 시인의 노경의 생활과 관심사를 우리는 짐작할 수 있는데 그는 아직도 신체적으로나 정신적으로나 활발하고 능동적이다.

그러니 이 시인은 앞으로도 오랫동안 우리 곁에서 장수를 누리고 꾸준히 시작을 계속하리라 짐작된다. 그의 산수 기념 출판을 경하하고 이 시집의 출간을 축하하며 서투른 몇 마디 말로 서序에 갈음한다.

〈시인 · 예술원회원〉

| 목차 |

제1부 북한산

제2부 거대한 자유

제1부 북한산

천상에 부치는 메일

내가 부르는 이름 어머니는
지금 천상의 먼 나라에 계십니다

어머니, 어머니,
당신 위에 더 높은 이름 없습니다
당신 위에 더 깊은 뜻은 없습니다

엄동의 겨울 몸으로 이기시고
더운 오뉴월 밭뙈기나 가꾸시다
이승의 가시밭길을 넘으셨습니다

가냘픈 목소리 여린 목소리로
거리의 외로운 나무처럼 곧추서서
소리 높여 부르다 보면
말없이 퍼런 하늘만 흔들립니다

어머니, 어머니,
사랑을 정수리에 부어 주신 그 이름
내가 외로울 때마다 부르는 그 이름

어머니, 어머니,
그윽한 목소리로 한껏 불러 봅니다

어머님의 肖像

한여름 땡볕에서 밭뙈기나 가꾸시다
걸어서 한생애를
노둣돌 징검징검 건너와서 마냥
얼굴에는 고운 무늬
해와 달이 지나간 자취 상형문자 같은
어머니가 놓으신 그
수틀을 보던 진한 그리움이 있습니다
무상무념 구름 같은 하얀
적막을 은관처럼 머리에 올리시고
백일에도 고요히 고요히
흔들리고 흔들리는
시계바늘 자정으로 똑바로 세워 놓고
하나의 모둠발로 멀리만
바라보시는 학의 높은 뜻이 그립습니다

북한산

빌딩이 마천루처럼
올라가는데도 북한산은 말이 없다
자동차의 범람이
위험 수위를 차는데도 말이 없다

해와 달이 지나간 자취마다
퍼런한 이끼를 피워내고
골짜기 골짜기 골짜기는
태고한 신화시대 상형문자였다

반만 년을 닦아 온 우리의 하늘
일렁이는 한강 연안으로
들이닥치는 글로벌 밀물에
청동의 빛살을 멀리서 드리우고 있다

태초에, 북한산은
우주에서 온 거인이었다
산은, 북한산은
높고 푸르른 하늘 아래 눈이 부시다

山行 · 1

북한산 후미진 계곡에는
어디나 감도는 정적이 가득하다
소나무 비뚤어진 언덕배기
검푸른 그늘 밟고 가는 자국마다
버거운 생각 하나씩 내려놓고
구부러지고 가파른
오르막길은 돌고 돌고 돌아서 가자
족두리봉에서 향로봉으로
향로봉에서 다시 비봉을 향해 간다

산을 떠메가고 싶은 사람들이
줄줄이 다투어 안항으로 길을 선다
땀 흘리는 도반들아
어차피 함께 가야하는 길이었다
발자국 찍으면서 이냥 걸어서 가자
갈수록 깊어가는 연하에
서로 발걸음 내어주며 걸어서 가자

정상을 멀리 두고 서서 바라보다
하늘 아래서 불러보는

산행은 내가 온몸으로 쓰는 시다

건넌 산 구부러져 내려오는
능선이 아스랗게 드리운 밧줄 같다
묻어온 일상의 그림자 지워지고
차고 투명한 물소리만 가득하다

산은, 북한산은 이제
모두 내려가면 절집으로 혼자 남겠다

山行 · 2

깊고 높은 지리산 골짜기에서
노고단 등성을 넘어
구부러진 길을 돌아 올라가고 있다
올라가는 대로 다가오는
크고 작은 산을 맞이해야 한다
산을 넘으면 산이었다
갈수록 깊어가는 골짜기 유현하다
구부러져 내려오는 능선이
절벽에 드리워진 가뭇한 밧줄 같다
임걸령 넘어 토끼봉을 지나
이제 천왕봉이 눈에 어린다
언제나 산같이 가파른 내 생애에
여기서 무엇을 더 말하랴
멈추어 서 있는 자에게는 길이 없다
그래서 산행은
내리막길이 언제나 즐거운 것인가
아니다 오르막길이
더욱 좋다 그래서 산이 아니더냐
높고 푸른 성역
세상 사는 우리의 꿈이 아니더냐

山行 · 3

북한산 들어가는 버스 종점에서
구기동 잡목림 군락지
골짜기에서 언덕을 안고 올라왔다
한 발짝 한 발짝
거대한 도시의 회색 풍경을
하늘 아래서 멀리 조망해 보면서
구부러진 길을 돌아
빙판을 밟듯 발걸음을 옮기어 간다
향로봉 가는 발치에서
점심을 치르고 다시 걷는다
낙엽들만 서걱이는 한적한 협곡
거니는 자국마다 이끼가 묻어난다
모두가 함께 헤집고 나아가는
사나운 너덜겅을 겨우 벗어났다
큰 산 하나를 넘어가는
오늘도 고달픈 일상 같은 하루였다
사람 사는 일 말로는 아니 된다
비봉으로 가다 말고 이제
산등성이 길게 드리운
그림자를 따라 내려오는데 청설모

한 마리 작은 친구가
절뚝거리고 내려오는 앞길을 질러간다

상기한 저녁 노을
서산 마루에 걸터앉아 쉬고 있다

소록도小鹿島

전라도 소록도는
만파식적 피리소리 잔잔한 리듬으로
흔들리는 가뭇한 물결 위에
지피는 향수의 등불 하나
한밤의 별빛처럼 깜박깜박 깜박이고 있다

술 취해 흔들리는
여객선처럼
깊고 푸른 물속을 잠기면서
파도에 흔들리는
여객선처럼
깊고 푸른 물속을 잠기면서

전라도 소록도는
만파식적 피리소리 잔잔한 리듬으로
흔들리는 가뭇한 물결 위에
지피는 향수의 등불 하나
한밤의 별빛처럼 깜박깜박 깜박이고 있다

풍경 소리

지리산 반야봉 등성 너머

천애의 일각에

청동빛 살아 있는 태고한 칠불사

대웅전 아스라한 추녀 끝에

메달린 하나의 소망이

차갑고 투명한 물소리로 오옵니다.

파르란 그 물소리가

굽이굽이 하늘 골짝을 넘어

맑디맑은 그 물소리가

구천을 적시어 지나가고 있습니다

※ 칠불사 : 경남 하동 화개 소재.

大寂

지리산 자락 화엄사 골짜기 바람 자고

물소리 다 빠져나가고

도량에는 어디나 정적이 가득하다

정적 어린 깊고 깊은 심연에서 피어나는

해맑은 한 송이 꽃을 보고 싶다

화엄으로 피어나는 꽃을 보고 싶다

최후에 남은

무명의 자취 그림자 마저 지워야 하리

※ 화엄사 골짜기 : 피서 관광지

침묵沈默

산은 언제나 일체를 말로 하지 않는다

침묵은 시대를 넘어 경계를 넘어
글로벌로 가는 국경을 넘어
모든 언어와 감성을 넘어
격동의 소용돌이 그 심연을 보았다

시간과 공간을 뛰어넘는
침묵의 언어는 영원한 불입문자

침묵은 언어의 핵 같은 실존이었다
정적의 공간에 살아 있는 언어였다

반역, 세상을 반역하는 무리들도
침묵 앞에서는 거스르지 못하였다
어딘가를 날아가는 화살들 비끼어 간다

제2부 거대한 자유

달밤 · 1

축제는, 끝났다, 달빛 일렁이는 마당에는 묵은 신문지 하얀 비닐 봉지가 강아지 발바리처럼 나뒹굴고 있다
주정꾼들은 유령처럼 어정거리고 먹감나무 그림자가 어른거린다

가앙, 가앙, 수월래, 강강, 술래, 자지러진 목소리 아직도 여운이 남아 위뜸 아래뜸 집집마다 빙빙 돈다 하늘도 돌고 땅도 돈다
온 집채가 기우뚱거리면서 깊은 밤 깊은 잠을 이룰 수 없다 가슴은 북통처럼 울고 별빛은 바래어 기우는 달이 자정을 넘는다

팔월 한가위

우리 남도의 고장 팔월 대보름 지리산 너머에서 떠오르는 둥근달 대명천지에 시도때도 없이 푸른 소나무 졸참나무 떡갈나무 진달래꽃 철쭉꽃 칡넝쿨 쑥부쟁이 패랭이 쇠뜨기풀 달개비 개망초 다들 내뿜는 나무 향기 풀 향기 꽃 향기 우리 고전 삼국유사 처용가 정읍사 고려대장경 조선실록 월인천강지곡 훈민정음 누천 년 울궈낸 향기로 빚은 알소주 통째로 놓고 구릿빛 얼굴들이 둘러앉아 한잔 한잔 한돌림하고 징징징 징소리 꽹가리 북소리 장구 소고 날라리 어우러져 열두 발 상모 빙빙 돈다 또한 마당에는 빨강 치마 색동저고리 팔을 들어 손을 잡고 강강술래, 우리 모두 하나 되어 동네방네 쩌렁쩌렁 울리는 오늘, 북에 북녘 윗마을 사람들이랑 밝은 달 둥근 얼굴 바라보며 한잔한잔 또 한잔 달빛 취해 한밤내 신명나게 부르는 노래 자지러진 목소리 하늘에 사무치고 남도의 하늘 남도의 마당이 빙빙 돈다 어질머리로 갈대처럼 스러진다 더도 말고 덜도 말고 날이면 날마다 이렁성 오늘 같은 한가위만 오너라 한가위만 오너라

영상이 흐르는 나무들

도시에서는 나무들이 걸어다니고 있다
도시에서는 나무들이 날아다니고 있다
거니는 사람들을 따라 나무들이 따라다니고 있다
달리는 자동차를 따라 나무들이 날아다니고 있다
달리는 승용차를 따라 나무들이 날아다니고 있다
군용 짚차가 달리고 나무들은 날아가고
오토바이가 질주하고 나무들은 흔들리고
시내버스를 따라 나무들은 걸어다니고 있다
시내버스 주차장 공터에 서 있는 플라타너스
구부러진 나뭇가지 끝에 걸려 있는
바람 한 점이 하얀 깃발처럼 나부끼고 있다

우주 통신

이백억 년도 더 아득한 원초 이원의 음양 우주에는 서로의 빛이 어우러져 몸을 섞고 지금은 밤과 낮이 교류하는 윤회의 수렛소리 들린다.

전철이 지상에서 지하로 다시 지하에서 지상으로 한 소절씩 흐르는 리듬을 따라 초록 같은 별들이 멀리서 시시각각 반짝이고 있는 메시지는 무엇일까 은하에서 화려한 유성이 빗금을 치고 날아가면서 심금을 울려준다.

꿈꾸는 하나의 푸른 세상을 위하여 나의 형형한 씨알의 어휘들 뜨거운 핏줄을 따라 돌고 돌고 돌고 있다.

산들이 날아다니는 자유인의 노래 · 1

삭막한 콘크리트 회색도시 하늘 아래서 천만 년의 깊은 잠 오랜 꿈에서 깨어난 크고 작은 산들이 푸른 자락 날개 펴고 드높은 천상을 향해 학처럼 날아오르고 있다.

목포 유달산, 광주 무등산, 전주 모악산, 대구 팔공산, 부산 금정산, 대전 계룡산, 서울 북한산, 춘천 동의산, 개성 송악산, 평양 모란봉, 해주 송마산, 홍남 갈미봉, 함흥 발용산, 신의주 석주산, 청진 광덕산, 나진 배덕산, 일체의 모든 산들이

압록강 두만강 잔잔한 물여울에 흔들리는 아련한 그림자 드리우고 누군가가 가로막는 드높은 국경의 바리케이드를 넘어 묵은 억새밭 서걱이는 만주의 벌판, 황막한 시베리아를 넘어, 북극을 넘고 글로벌을 떠나 우주정거장을 지나 자유의 노래 자유의 나래 일렁이면서, 천상의 공간은 무극이라, 끝없는 무한의 하늘 끝없는 무한의 가장자리를 스치면서 우주 유영을 하고 있다.

석장승

세상 살아가는 것 다 보고 있습니다

세상 돌아가는 것 다 알고 있습니다

우리 엄니 손등같이 투박한 살결

누군가의 순후한 그런 숨결이 돌고

언제나 과묵하신 어머니, 어머니,

손등같이 투박한 살결이 따뜻합니다

태평양을 건너며

우주의 무한과 영원에의 가장자리를
스치면서
설원 같은 운해 만리를 건너가고 있다

낮에는 섬마을 농부들이
저마다 텃밭에서 작은 꿈을 키우고
밤바다에서는 어부들이 배를 타고
물에 잠긴 별들을 건져올리고 있다

시속 일천 킬로미터 KOREAN AIR
고도 삼만 오천 피이트
에어쇼를 간간이 읽으면서
영하 40도의 대기권에서
아무리 달리고 달려보아도
나의 실존은 일체가 무중력이었다

끝모르는 하늘 어딘가에 차고 시린
가장자리를 스치면서
설원 같은 운해 만리를 건너가고 있다

거대한 자유

바람 한 점 없는 광장은 적요하다
붉은띠가 기어다니고 비닐봉지와 휴지들만 어지럽다
꽃과 사랑과 태양이 없는 밤이었다
자유의 성역을 지키지 못하면 스스로 설 자리가 없다
드높인 피켓이랑 뜨거운 함성은 다 어디 갔는가
함께하던 일자리와 동료들은 다 어디로 갔는가

투쟁은 죽음의 자유이지 행복의 자유는 아니다
투쟁에는 승자도 패자도 아닌 허무만이 남는다
평화를 사랑하는 자가 거대한 자유를 지킨다
스스로를 지키는 자가 거대한 자유를 누릴 수 있다
마지막 끝자락에 모두다 흩어져 나가고
광장에는 홀로 남아 있는 소나무 한 그루 서 있다

휴전선 · 1

동에서 서해 바다 쪽으로
서에서 동해 바다 쪽으로
허망하게 쳐 놓은 분단의
휴전선 금줄이
오십년이나 더 바래었다
선량한 중생들도 죄가 되는가
가냘프게 누어있는
오랜 침묵의 금줄이
완강한 동아줄이었다
북에서 이천만이 매달렸다
남에서 사천만이 매달렸다
행여나 행여나 하늘 우러러
우리의 가슴 가슴
반세기나 매달려 끌려가고 있다
아무렇게나 허망하게
허망하게 쳐 놓은
휴전선 금줄이 썩지를 않는다

충장로 1번가

무등산 땅거미가 내리는
충장로 거리 거리에는 점두마다
쇼윈도 형광의 불빛이
어둠을 거부하며 일어서고 있다
뜨거운 가슴 가슴마다 들려온다
끊임없는 발자국 소리 들려온다
팔이라도 잡고 싶은 사람들아
어깨라도 치고 싶은 사람들아
우체국을 지나가는 행간에
여기도 저기도 누군가를 기다리며
서성거리다 기웃거리다
암울한 雨期의 비둘기처럼
구구구 구구구 …
너와 내가 심어 둔 꽃말을 생각한다
떨리는 전라도 사투리로
어둑한 주점 목로에 걸터앉아
쓰디쓴 소주잔 위에
그리운 이름의 별들이 차례로 뜬다
못다 한 그날의
못다 한 우리의 사랑은 어이할까

■ 시를 읽는 재미

이환용의 시

김규동(시인)

이 시집에 수록된 시편들은 문예지를 통해 내가 이미 다 읽은 바 있는 것들입니다.

최근 몇 년 동안 이환용씨는 시가 되면 내집에 찾아와서 작품을 놓고 감상하며 저와 대좌하여 시간 가는 줄 몰라하였습니다.

영등포 당산동에서 대치동 내집까지는 지하철을 갈아타며 거의 2시간은 소비해야 올 수 있는데도 노구를 이끌고 자주 나의 우거를 방문하는 것이었습니다. 이것 어떨까요? 비유와 상징이 이것들 적당할까요?, 어떨까요? 암만해도 만족스럽지 못한데 한번 의견을 말씀하시죠? 하는 등 솔직한 담론을 피력하는 것이었습니다.

나는 이 한 두편 가지고 이다지도 고심하며 퇴고를 거듭하는 시인을 그리 많이 보지 못하는 것이어서 감탄하기도 하고 또 한편으로는 많은 생각을 하기도 했었습니다.

고친 구절을 다시 고치기도 하고 자구를 이리저리 바꿔 놓아보기도 하는 이 시인의 아집은 아마도 아무도 말리지는 못할 엄격성이라 할 것입니다.

그만큼 시의 진선미에 대해 엄격한 태도를 가지는 동시 시학詩學의 완벽성이라할까 창작의 완성도를 높이는 결벽이 있으며 시의 외적인 요소보다 시의 본질 문제를 논자들에게 요구하고 있습니다.

씨는 다작은 못되고 과작의 시인이지요. 많이 쓰지는 못하고 적게 생산하되 늘 완벽주의를 기하며 심신을 바치고 있는 것입니다.

대체로 씨의 시세계는 3가지 정도의 특별한 요소들과 유형을 갖고 있어요.

미학적인 견지에서의 대상묘사와, 현실을 비판하는 경우에 있어서의 인간정신의 고양, 다분히 상징주의적인 표상에 의한 시법 등 이상 3가지 경우가 그것입니다.

씨의 시는 읽어서 알기 어려운 데는 없어요. 그

러나 결코 난해한 시가 아니고 원리에 입각한 인간중심적 사유와 상념을 산출하는 극히 자연스러운 시편들입니다.

이 시집의 표제시 『북한산』은 아마도 다섯 번은 고쳐 쓴 노심작이 아닐까 합니다. 짧은 시인데도 더 짧게 고치며 손을 많이 대였어요.

반만 년을 닦아 온 우리의 하늘
일렁이는 한강 연안으로
들이닥치는 글로벌 밀물에
청동의 빛살을 멀리서 드리우고 있다

『북한산』의 3연이 말하는 것은 산의 엄숙성과 숭崇, 다시 말해 성스러운 자태의 표상을 빌어 현실과 대비해 시대정신과 상관관계를 이루고 있는 것입니다.

'반만 년을 닦아 온 우리의 하늘의 이미지는 드높고 아름답습니다. 이런 표현법을 씨의 시세계에 있어서 큰 장점이라 하겠지요.

술 취해 흔들리는
여객선처럼
깊고 푸른 물속을 잠기면서
파도에 흔들리는
여객선처럼

깊고 푸른 물속을 잠기면서

이 『소록도』의 2연이라든가

시대를 넘어 경계를 넘어
글로벌로 가는 국경을 넘어
모든 언어와 감성을 넘어
격동과 소용돌이의 심연을 보았다

『침묵』의 2연이 떠올리는 이미지들은 매우 인상적인데 앞의 것은 직관적으로 정서적으로 정확히 포착한 경우요 뒤의 것은 또 다른 시 『침묵』에서는 구도자적인 시정신을 보여 주고 있습니다. 예각적인 표출로서 매우 재미있게 읽혀집니다.

시는, 현대적인 시는 정서와 문명비판이 조화있게 결합될 때 더 새로운 시학적 비평으로 나아가질 수 있지요.

이 시인은 비평적 안목이 남다른 데가 있습니다. 이것은 시인의 장기인 동시에 커다란 자산이기도 합니다.

다시 말할 것 없이 한 시인의 역정에는 누구나 타작이 있는가 하면 가작이 또한 함께 존재하기 마련입니다.

잘된 시가 있는 반면에는 실패한 작품이 있지

요. 그러나 이것은 일반적으로 어찌 할 수 없는 현상으로서 실패를 거울삼아 다음에는 좋은 가작을 쓰게 되는 것입니다.

그래서 승리는 부채요, 실패는 자산이란 말도 있는 것 아니겠습니까.

이 시집에 수록된 작품 전체가 다 뛰어난 작품이라 생각하지는 않아요. 그러나 한 두 편의 작품에 있어서도 어느 의미에서는 시인의 항로航路에 나침판 역할을 해준다고 하면 틀린 말일까요. 시를 읽는 재미는 이런 미로를 헤치고 나가는 데 있다 할 것입니다.

이 시집은 이환용 시인에게 있어서 상당한 고심작입니다. 수년 동안 책상머리에 놓고 퇴고에 퇴고를 거듭한 산물이기 때문입니다.

『태평양을 건너며』, 『충장로 1번가』, 『천상에 부치는 메일』등 작품은 수준높은 기교가 돋보이는 테크니션으로서의 작품인 동시에 형상화가 새로운 지평을 지향하고 있습니다.

또 『산행 1-3』, 『팔월 한가위』, 『거대한 자유』 등은 소재를 적절히 시적형상으로 승화시킨 점이 재미 있고 동시에 감동을 불러일으키기도 합니다.

특히 『山行』 시편은 북한산 6백번의 기록에서 얻어진 체취가 묻은 작품으로서도 유명한 이야기가 있습니다.

산문시의 실험으로 『우주 통신』, 『산들이 날아다니는 자유인의 노래』가 있는데 산문을 통한 시적인 정신 즉 포에지 추구라 할까 그와 같은 포에지 구축을 실험한 시편이라 보여집니다.

이런 시는 현실 비판적인 내용이 이야기의 중심을 이루고 있어 이런 문제들을 다시금 생각게 하는 시편들이 아닐까 생각합니다.

산문시의 매력은 어디까지나 문장의 매력과 그 박진력에 있다 하겠지요. 그렇기 때문에 시적산문이 돼야 합당합니다. 단지 평탄한 표현술과 묘사를 갖고는 산문시의 핵을 붙잡기 어렵기 때문입니다.

이 시인은 섬세한 감성의 소유자입니다. 동시에 한편의 시를 만들기 위해 한 달이고 두 달이고 붙잡고 놓지 않는 완고하고 끈질긴 의지력을 지녔습니다. 적어도 내가 아는 범위내에서는 이시인의 인간상이 그러합니다.

전라도 소록도는
만파식적 피리소리 잔잔한 리듬으로
흔들리는 가뭇한 물결 위에
지피는 향수의 등불 하나
한밤의 별빛처럼 깜박깜박 깜박이고 있다

— 『소록도』 3연

위 작품의 잔잔한 서정을 주목할 필요가 있습니다. 오늘 우리 문단의 시는 새롭고 신선한 서정을 요구하고 있지만 드높은 서정시의 도래는 아직 요원한 것 같습니다.

그리고 종교적인 시로서 『풍경 소리』, 『大寂』과 같은 특출한 가작으로 통찰력이 깊고 직관력에 의한 성공적인 작품으로 언급할 수 있는 부분이 있습니다.

이환용씨는 서정성과 그 표상의 방식에 대해 내게 많은 의견을 피력한 바 있습니다.

씨는 지난날 대학의 강단에서도 이 문제를 많이 다뤘다고 들었어요. 그렀습니다. 시는 서정이 없이는 성립이 안됩니다. 정서적으로 충만함이 없는 경우 어찌 좋은 작품을 생산해 낼 수 있겠습니까.

이 지향점을 향해 시인은, 심혈을 기울여야 마땅하겠습니다. 이것을 이 시인에게 크게 기대하는 바입니다.

■ 책을 엮고 나서

2007년에 산수傘壽를 지냈는데 늦게나마 기념 시집을 엮었습니다.
시편 수는 적지만 레퍼토리와 메뉴는 다양하여 순수, 참여, 비판, 시대정신, 미래의 꿈, 등 다양한 모습을 보이고 있습니다.
30년대 이상은「날자 날자 날자」하고 꿈을 노래했지만 오늘의 글로벌시대 우주시대는 이미 꿈이 아닌 현실입니다.
그리고 불교에서 인생은 고해라고 했지만「인생은 산행이다」라는 관념을 깊이 심어 놓고 있습니다.
머리글을 얹어 주신 김종길 선생님 독자를 위해서 시평을 곁들여 주신 김규동 선생님 이 나라 문단의 두 원로 분께 감사를 드리고 경제 상황이 어려운 중에 쾌히 출판을 맡아주신 수필가 서정환 사장께 고마운 뜻을 삼가 전합니다.

이환용 詩集

이환용 詩集

북한산北漢山

인 쇄 2009년 10월 15일
발 행 2009년 11월 05일

저 자 이 환 용
발행인 서 정 환
발행처 문예연구사

출판등록 1984년 8월 17일 28호
주 소 전주시 완산구 태평동 251-30
전 화 (063)275-4000, 252-5633
팩 스 (063)274-3131
메 일 sina321@hanmail.net

값 8,000원

ISBN 978-89-5925-613-6 03810